AF225357

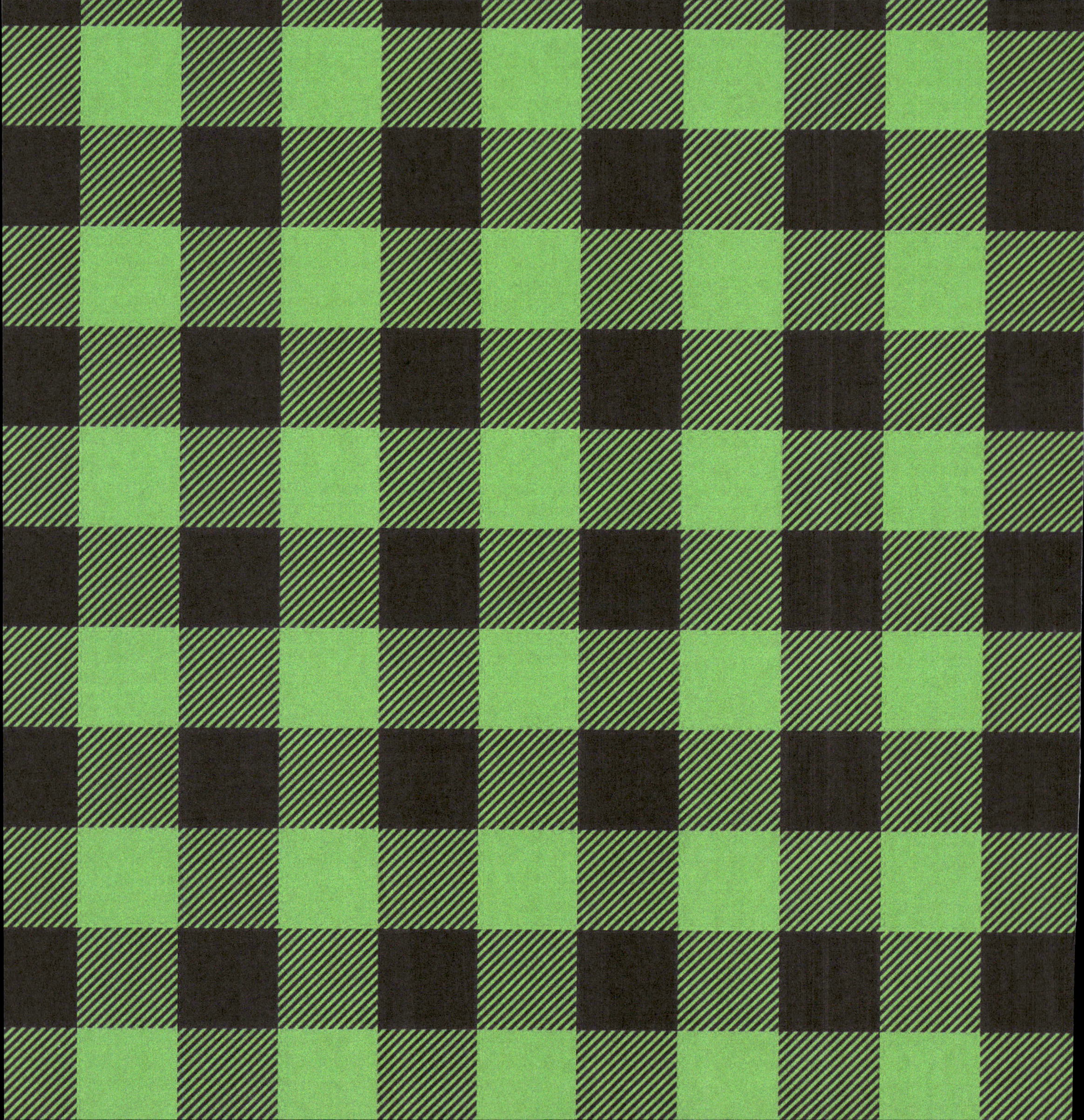

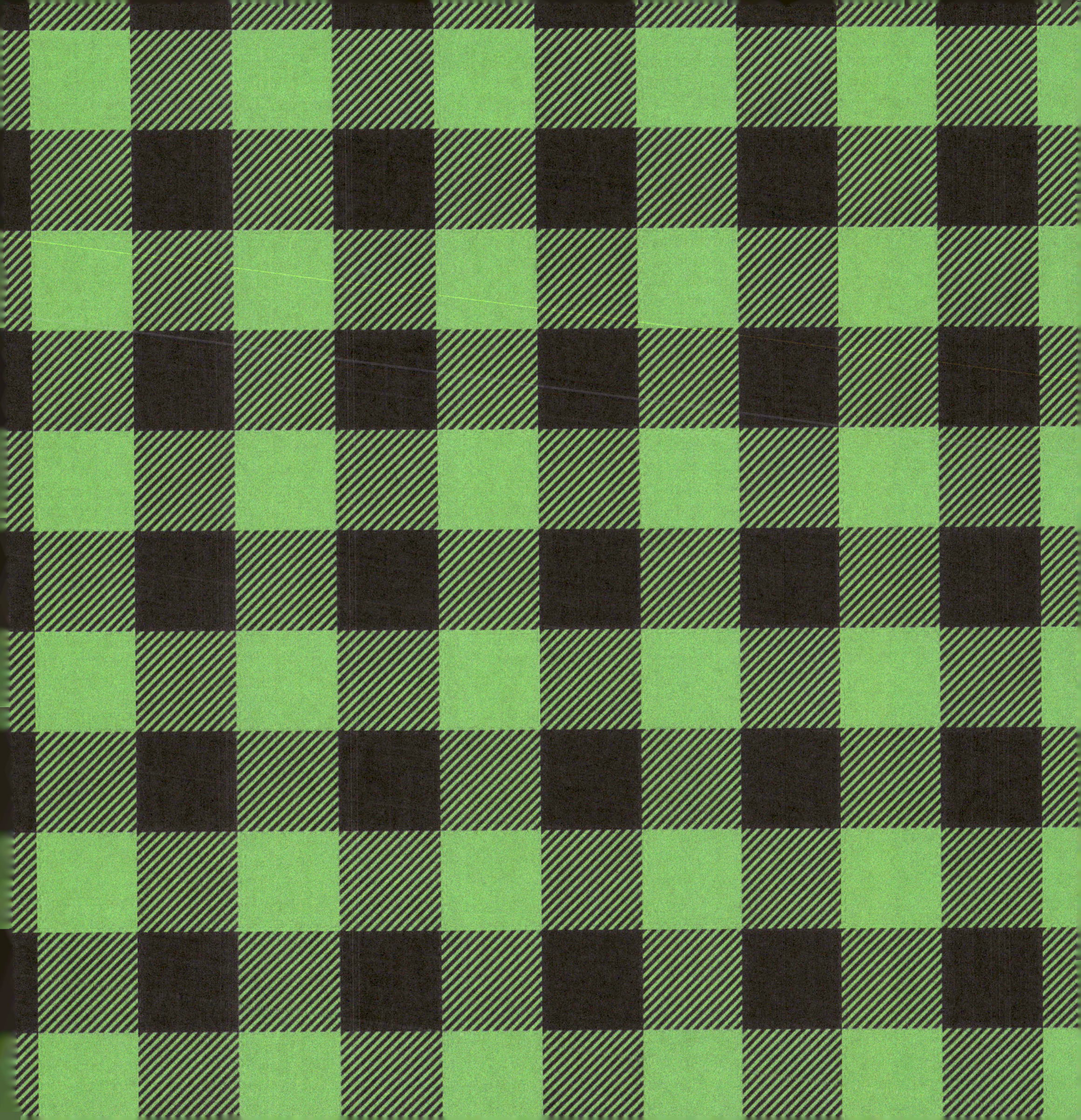

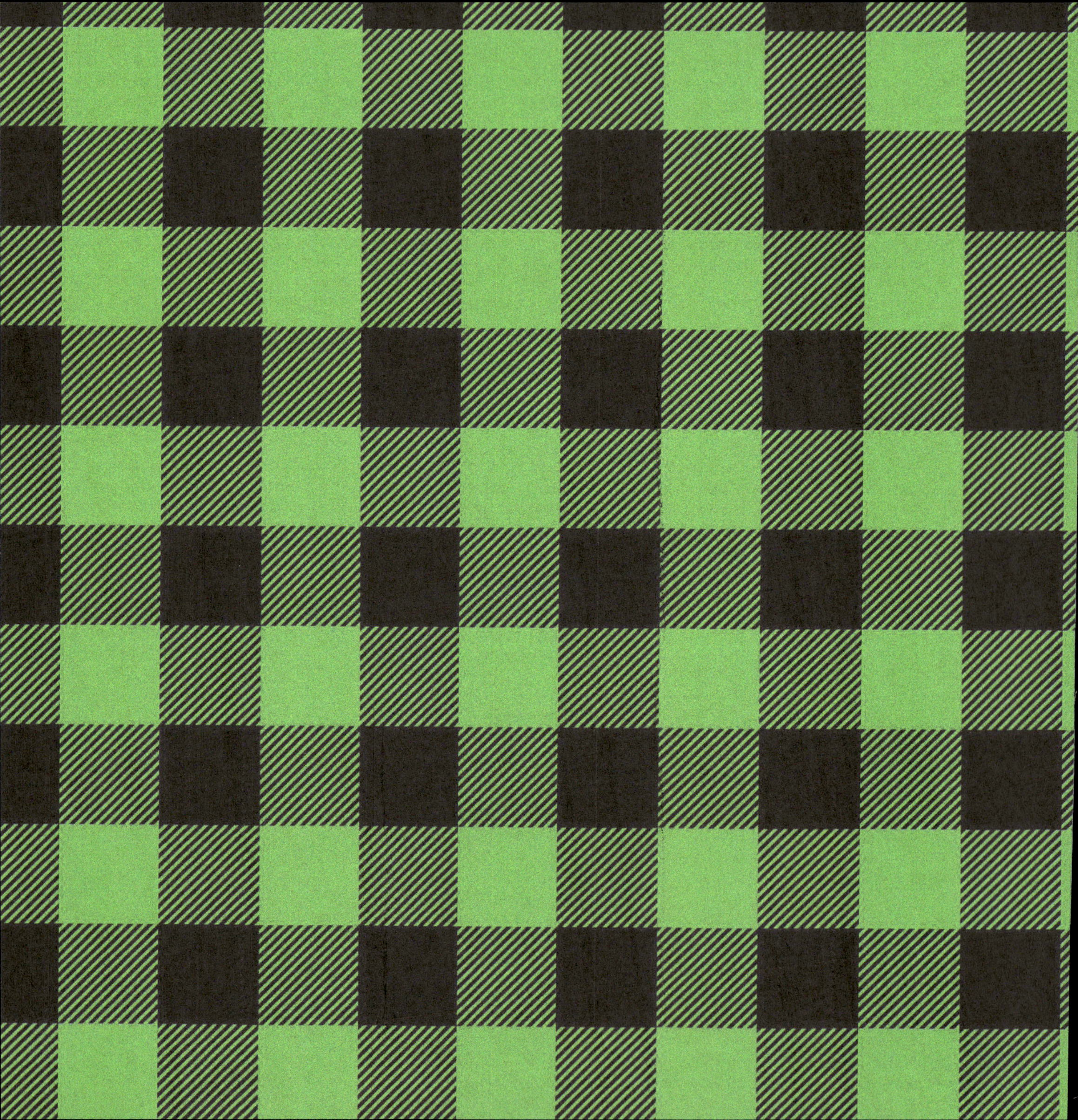

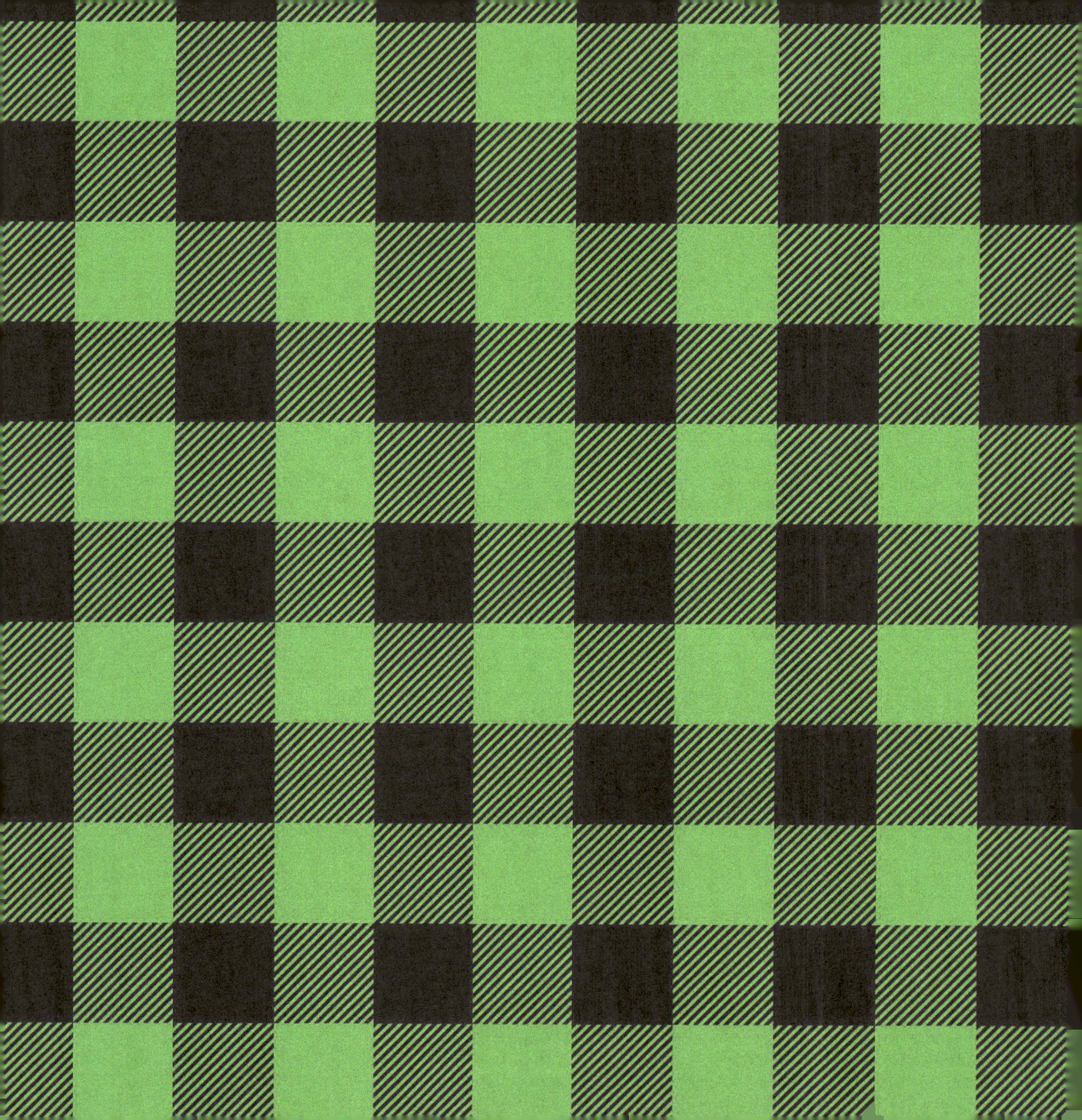

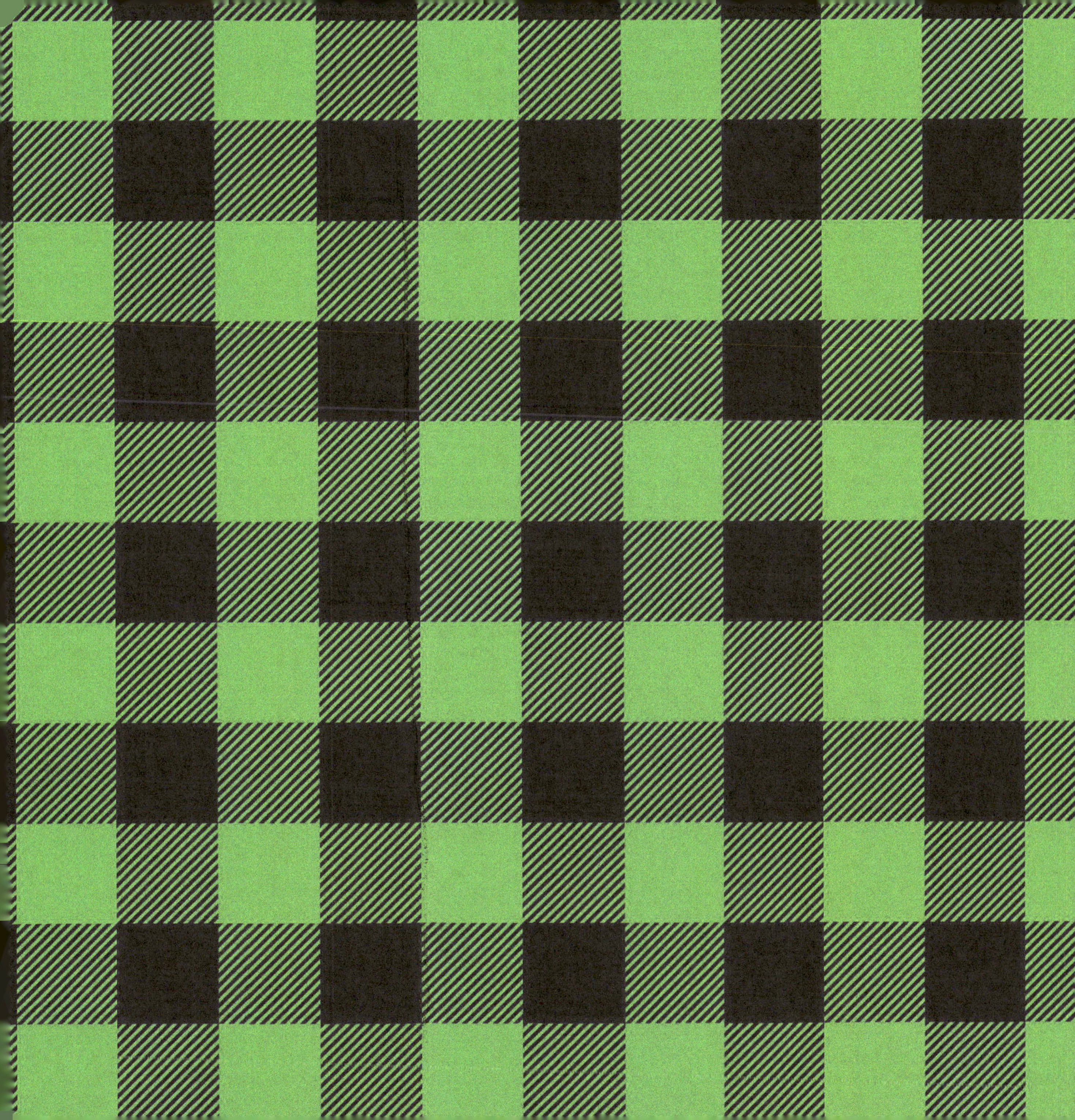

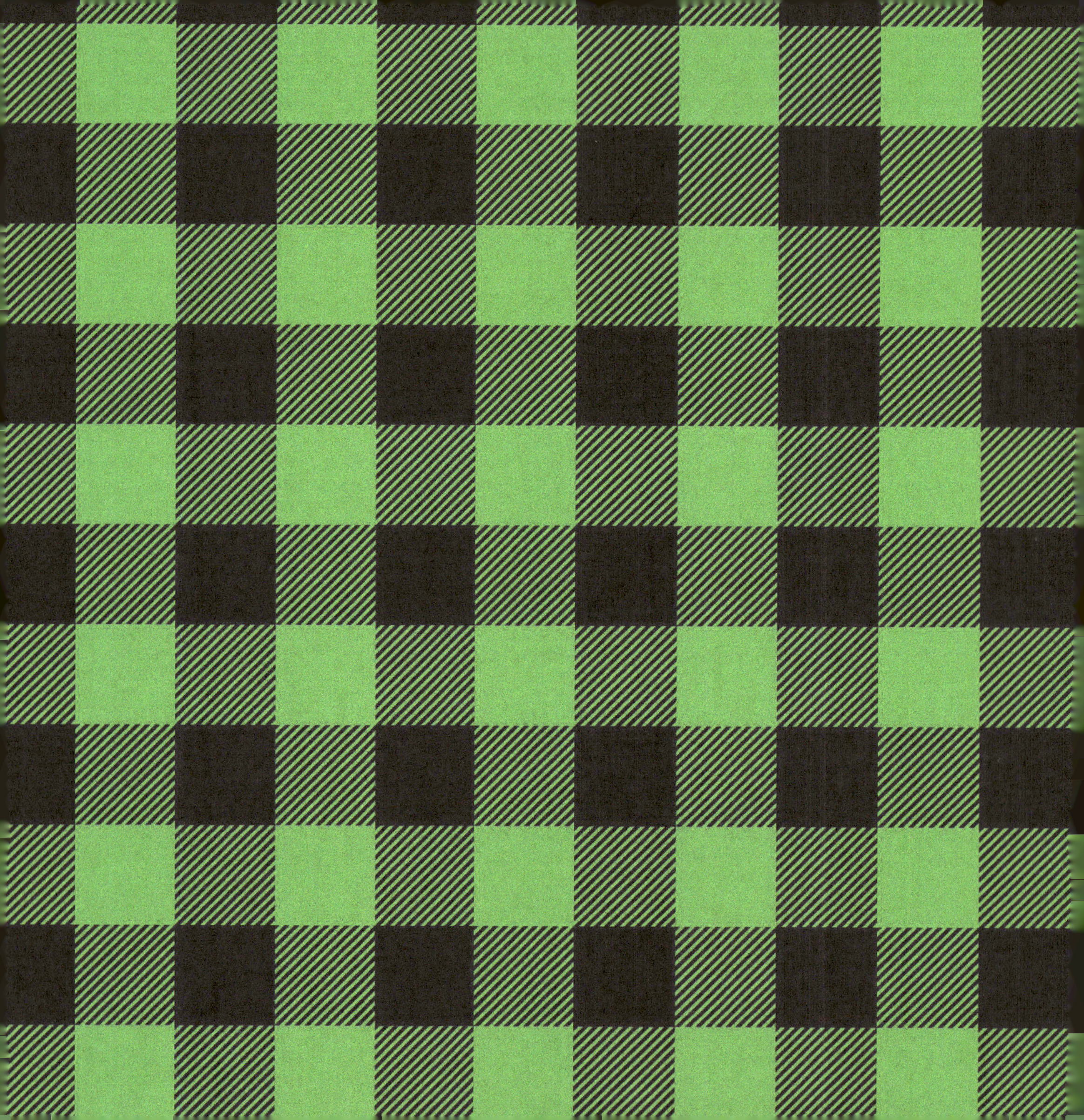

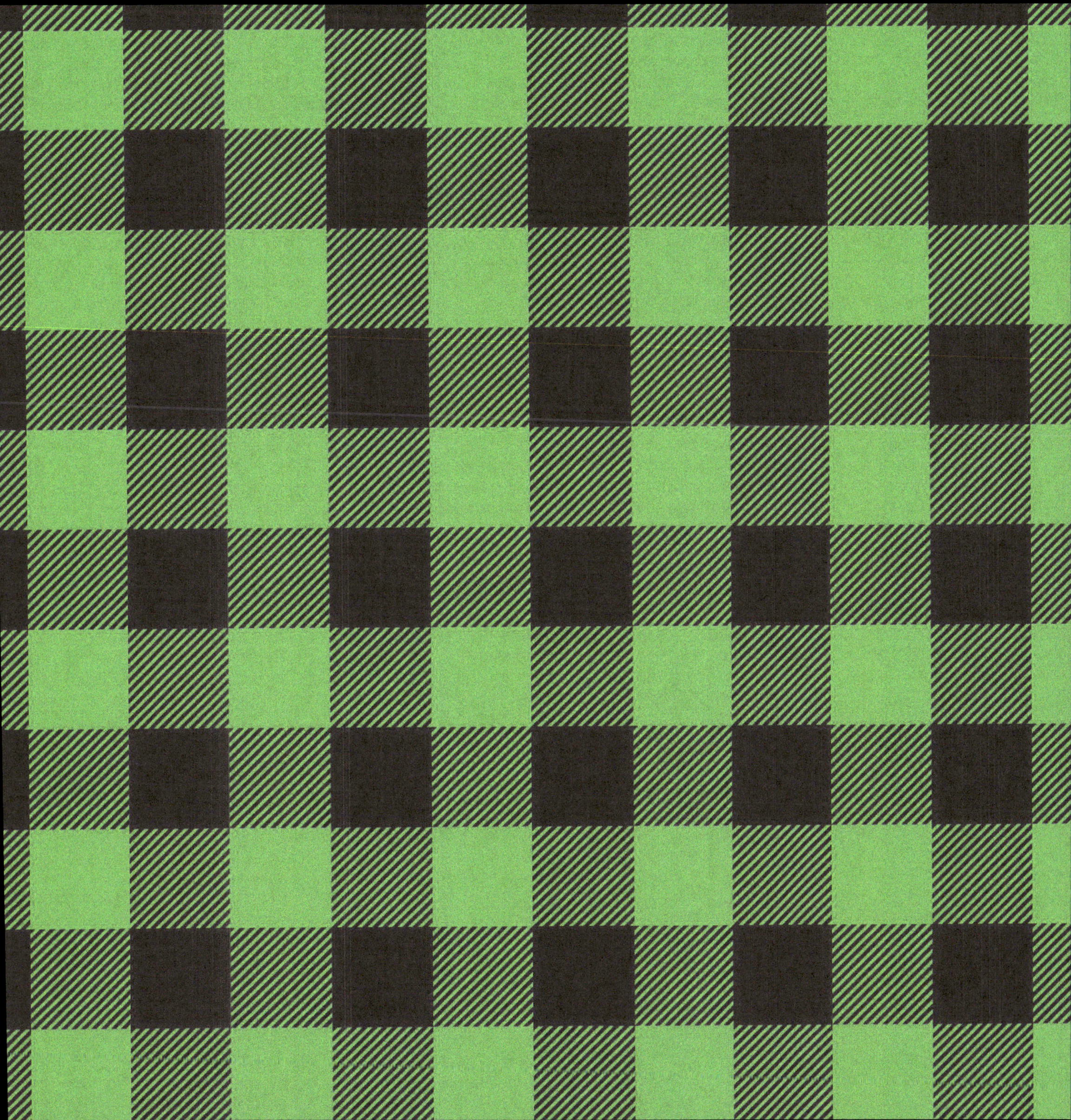

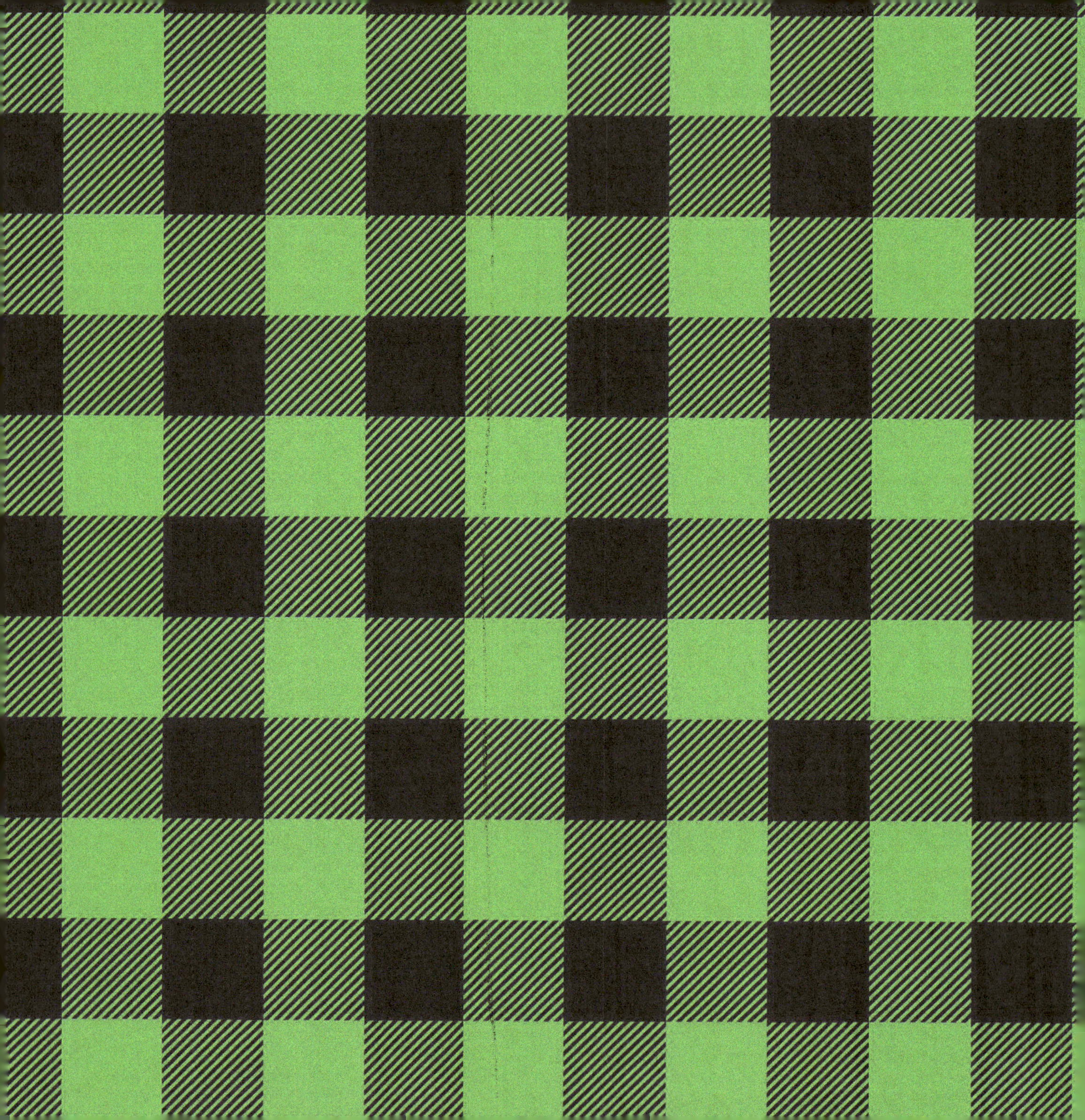

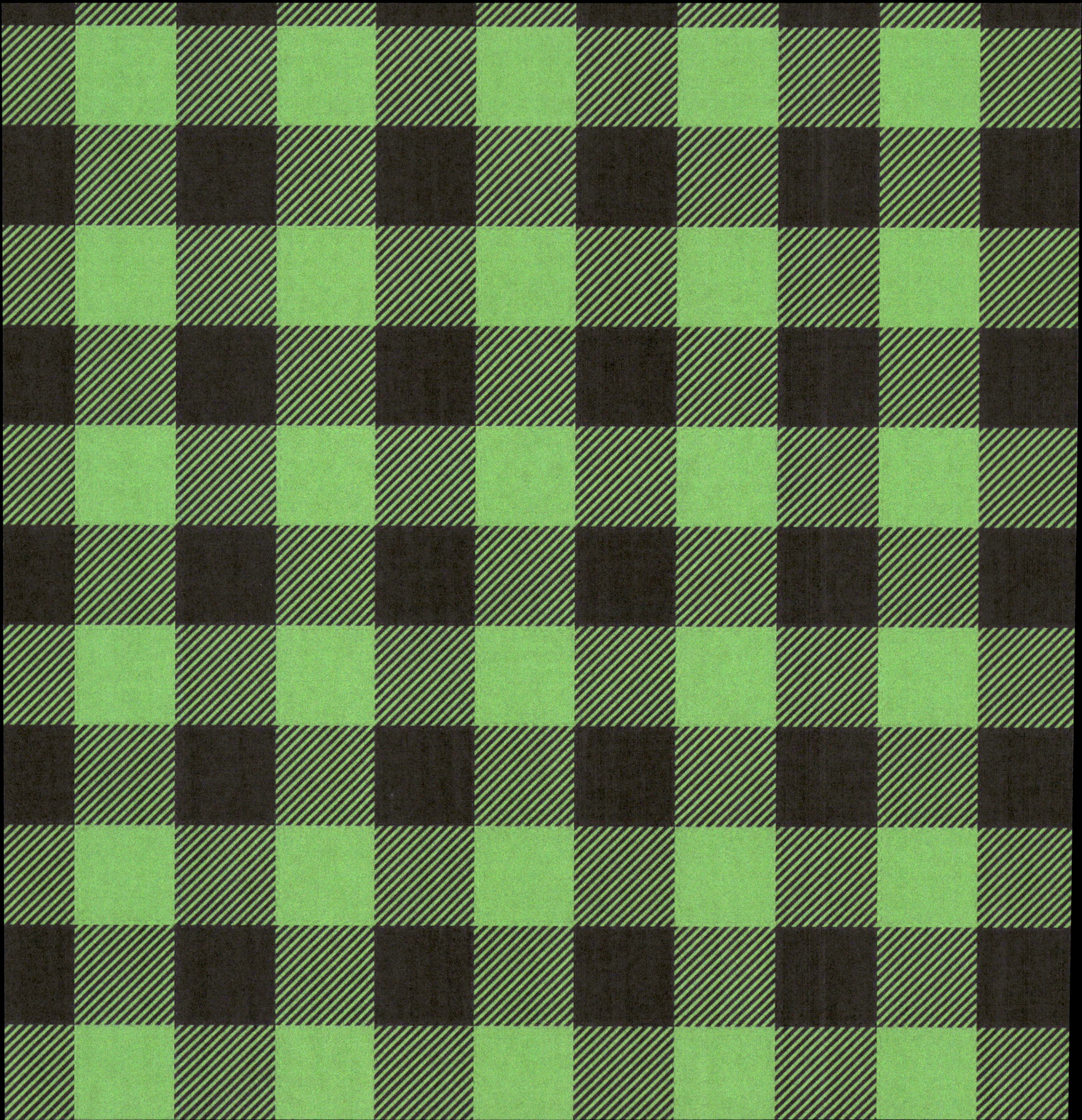

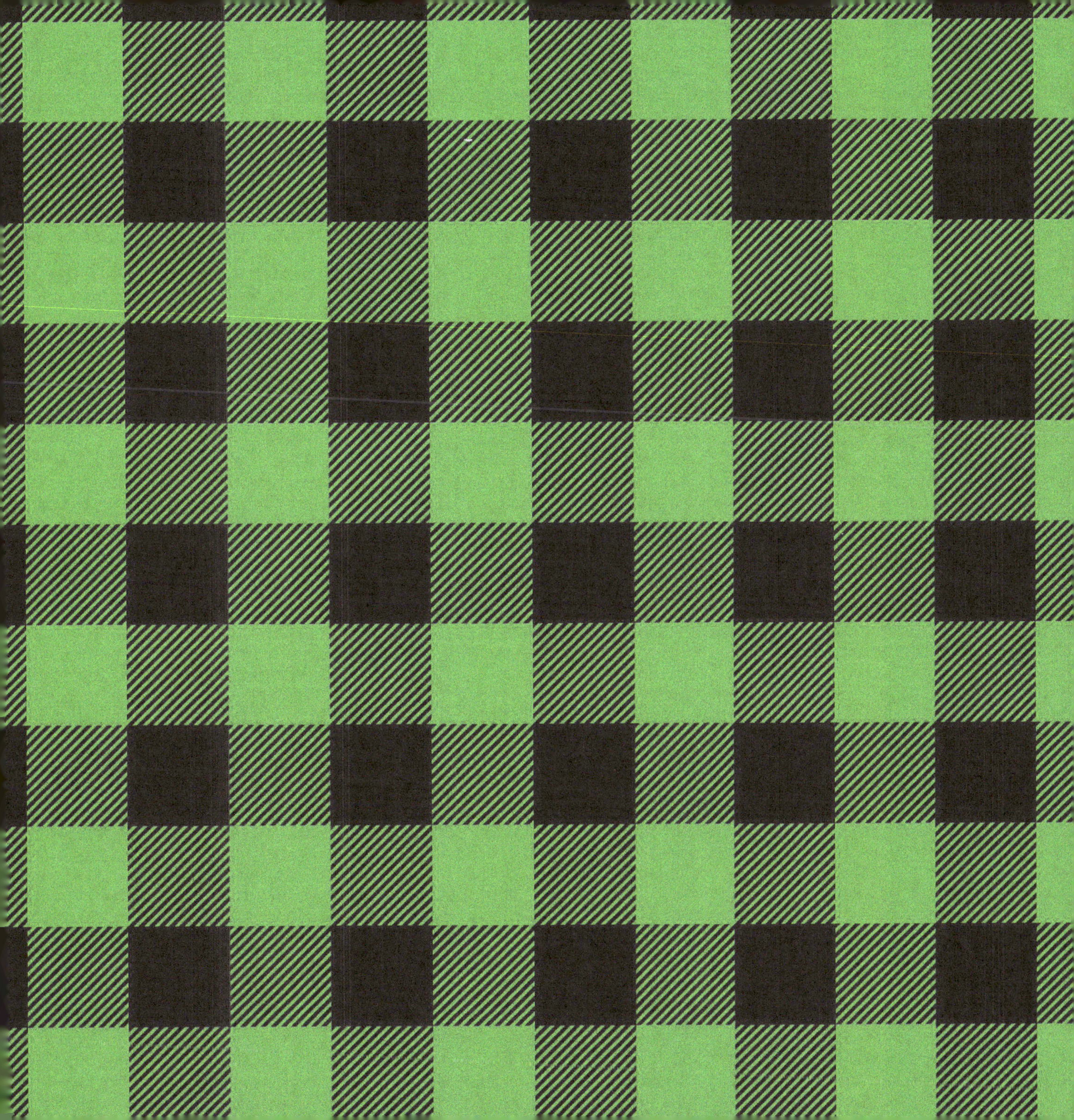

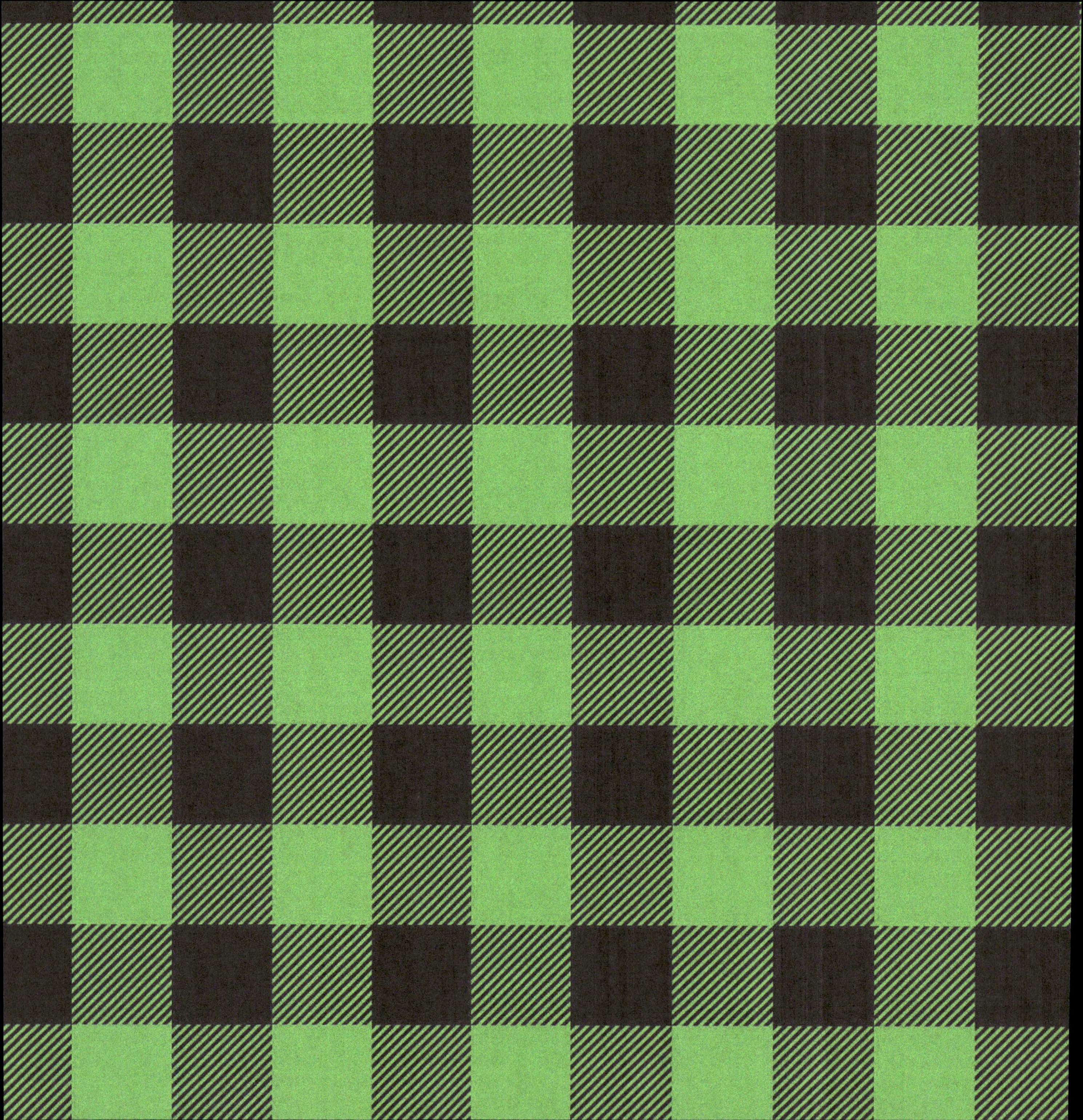

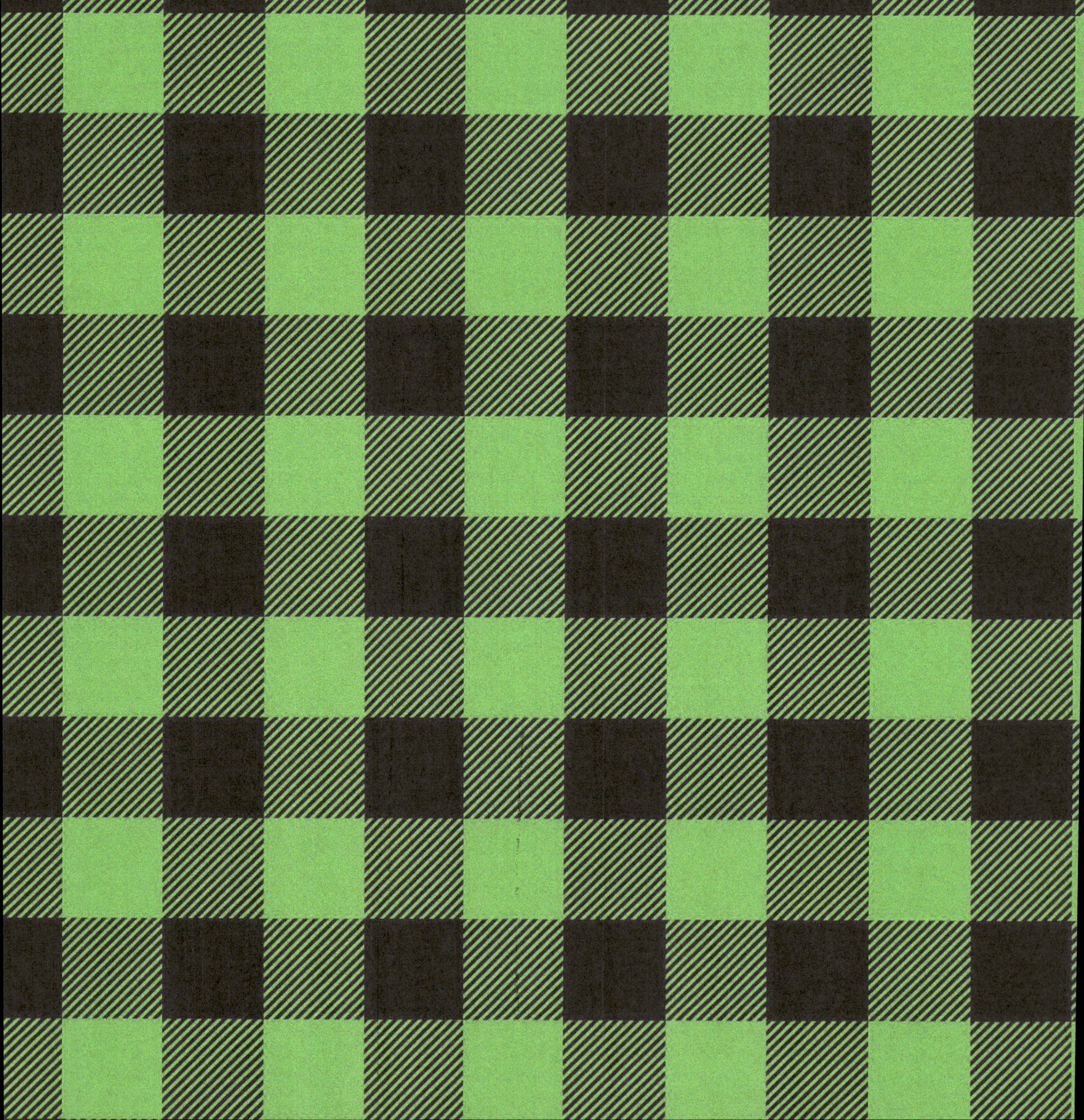

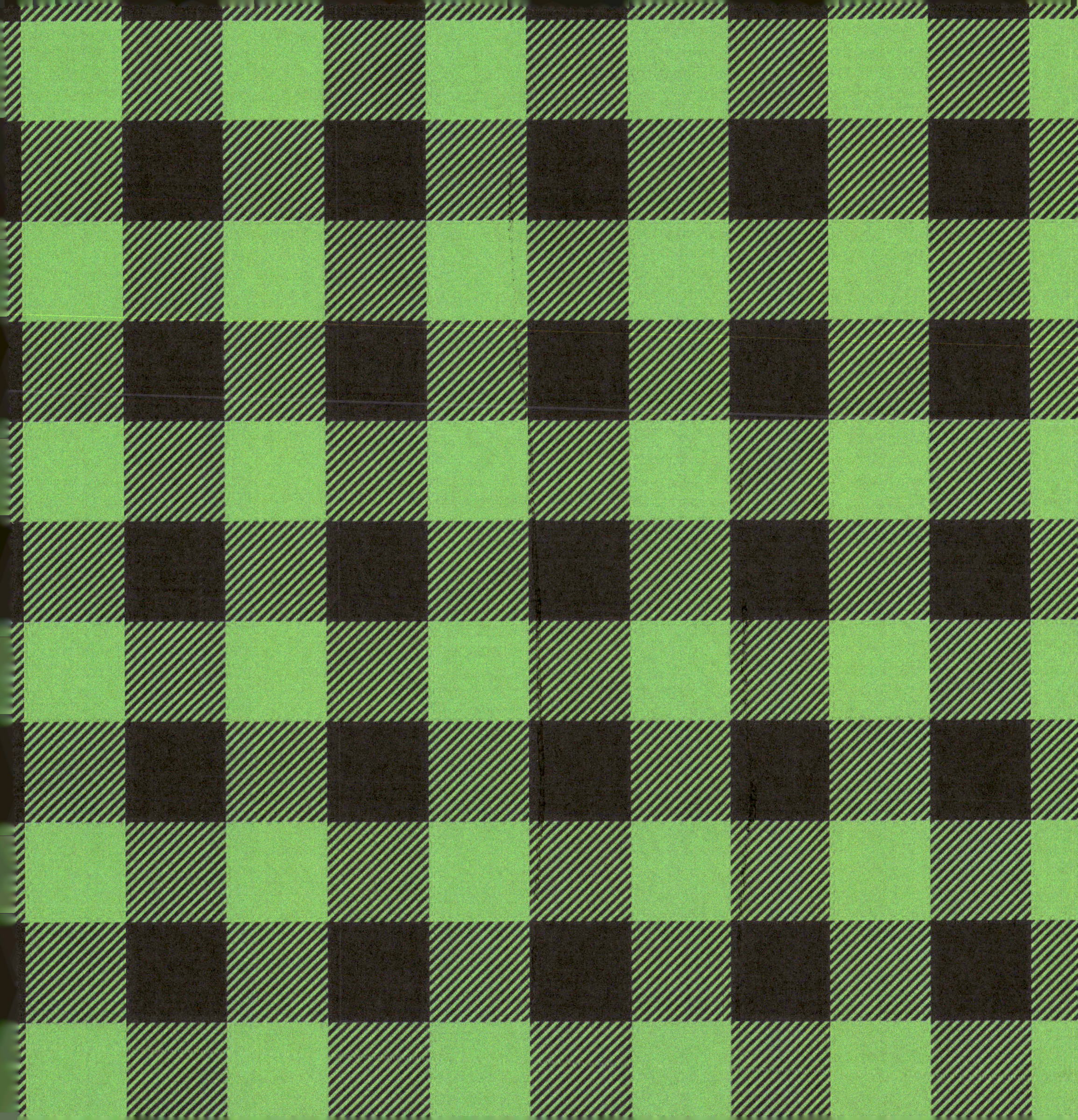

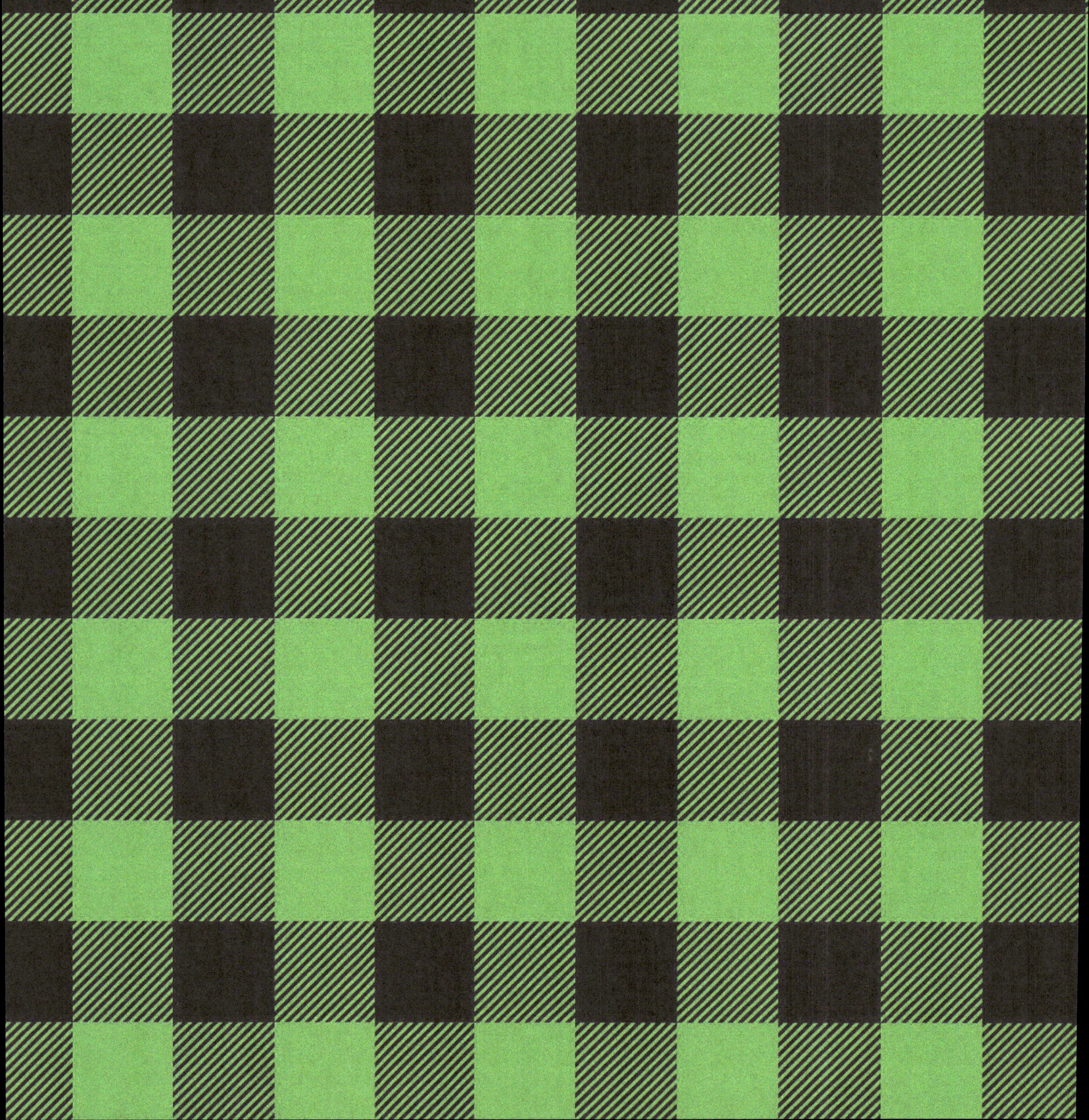

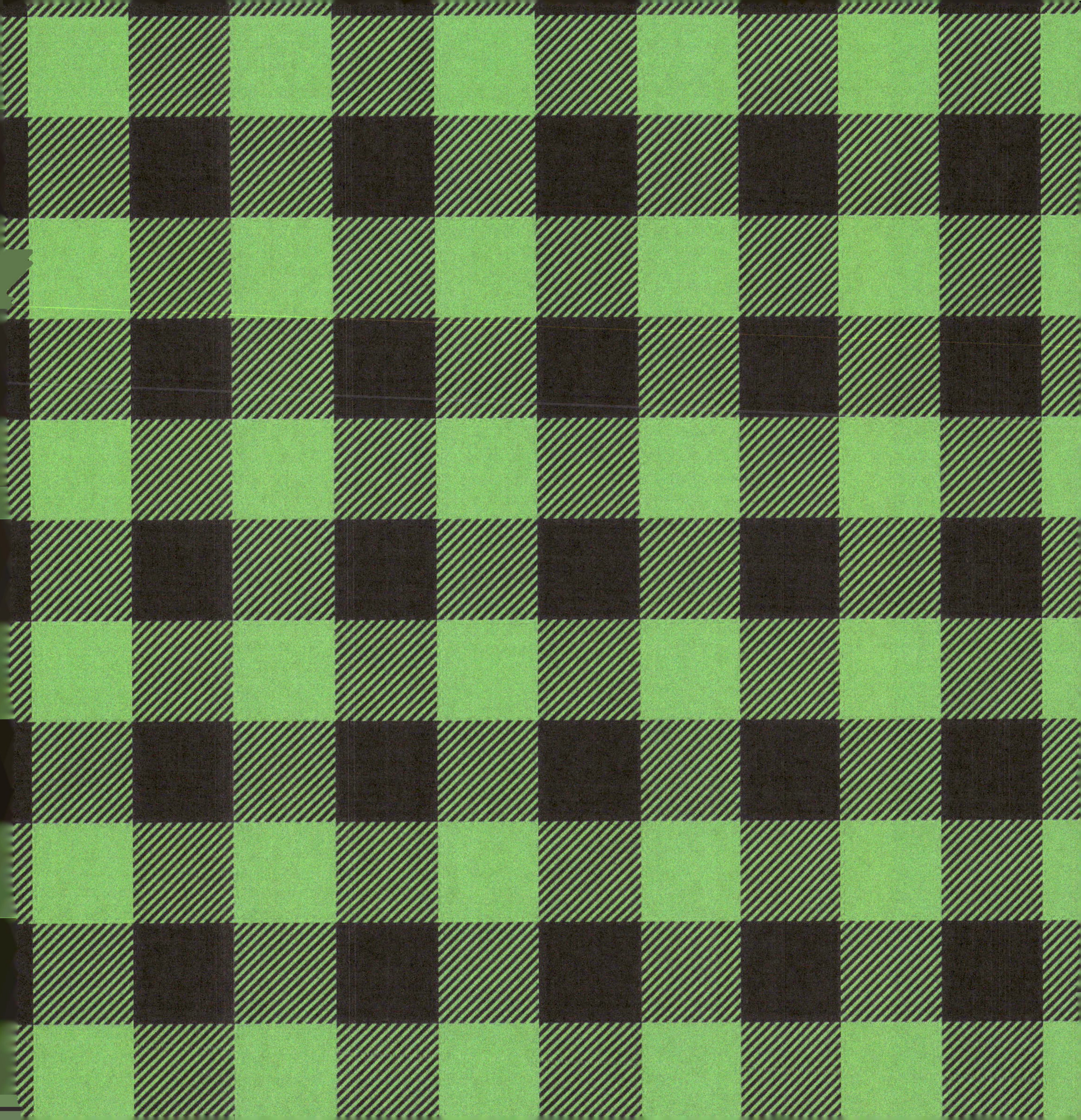

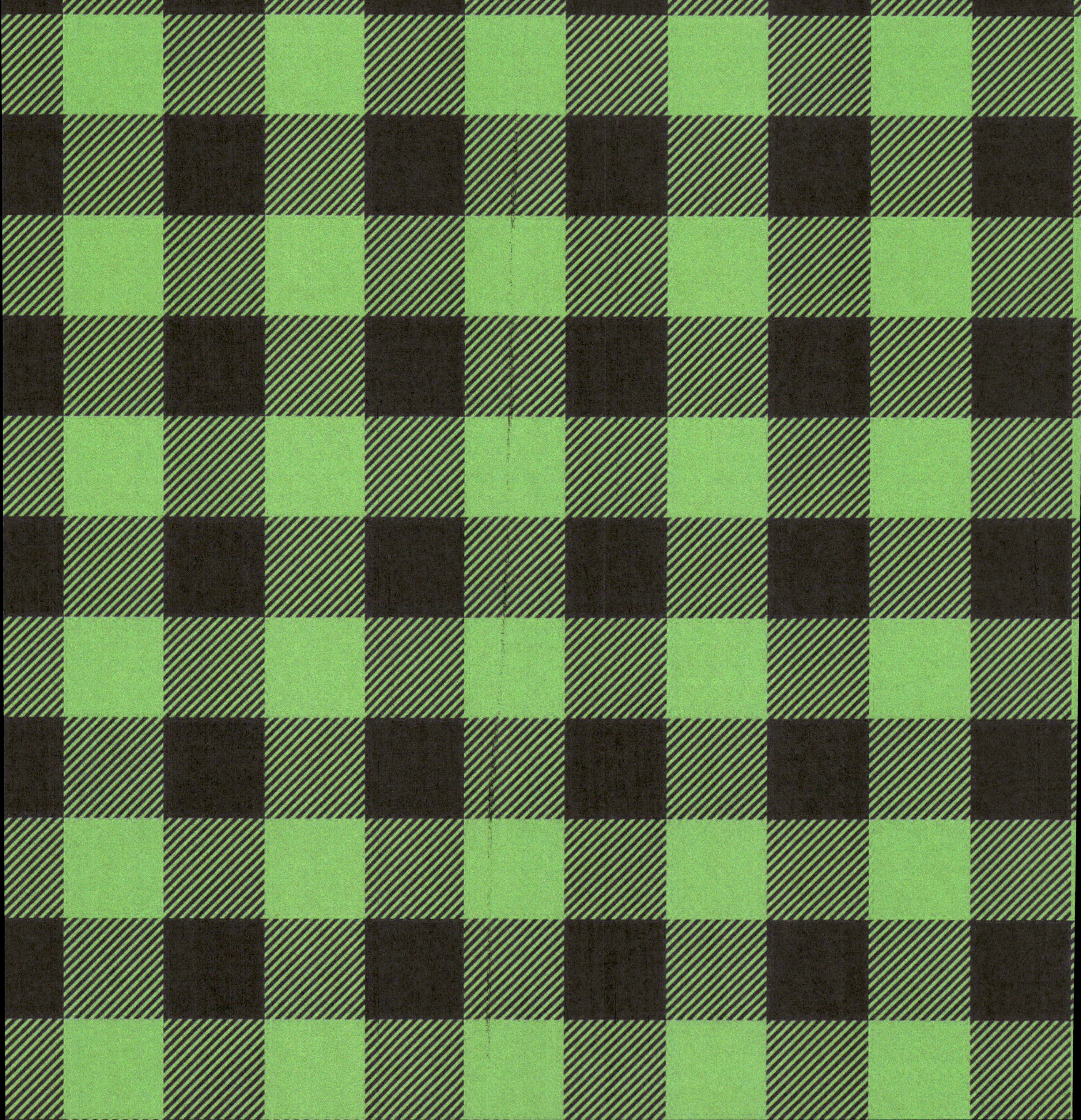

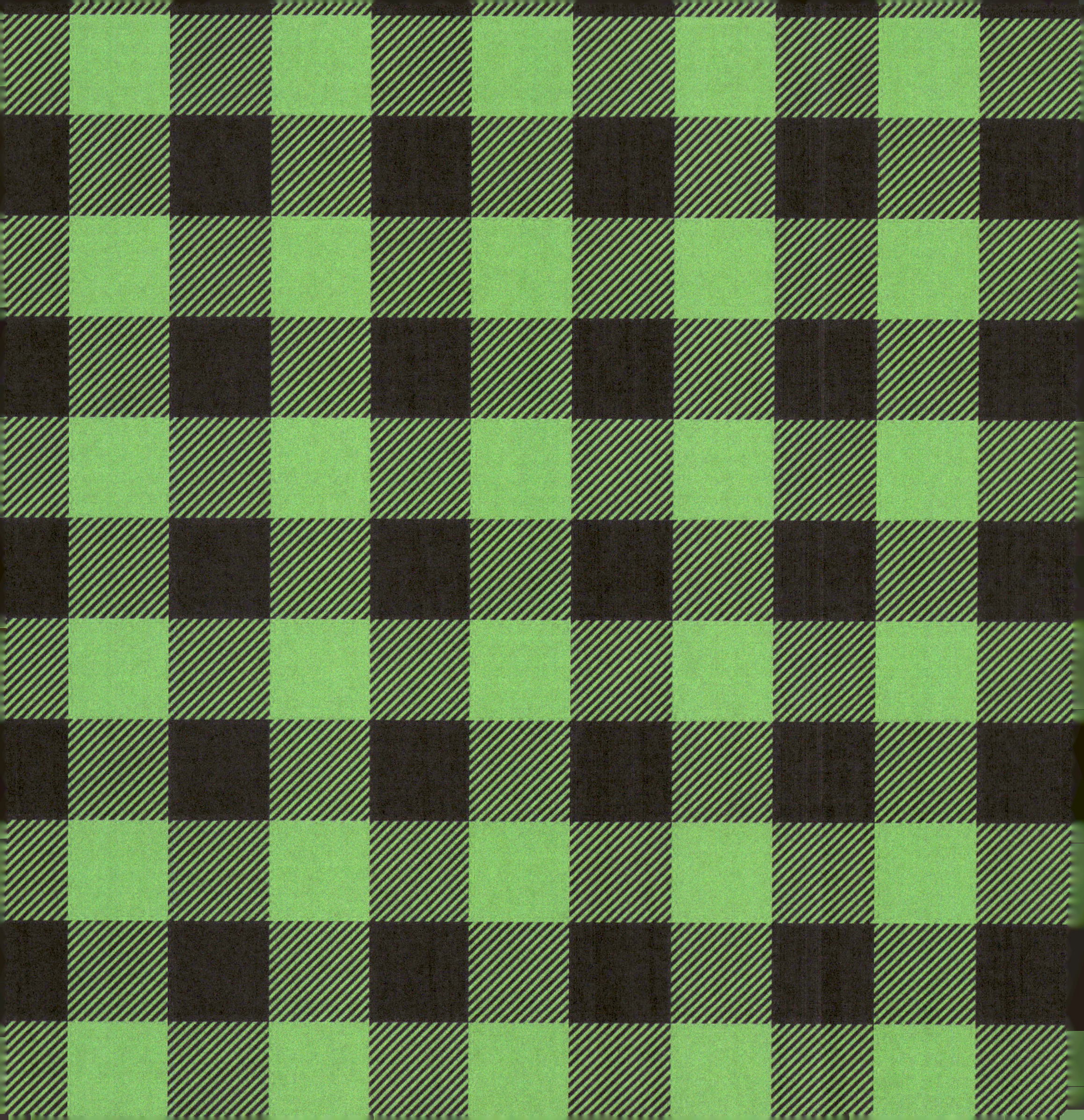